Os novos potenciais em educação

CIP-BRASIL. CATALOGAÇÃO NA FONTE
SINDICATO NACIONAL DOS EDITORES DE LIVROS, RJ

R912n   Ruppenthal, Alaor Ricardo
        Os novos potenciais em educação : inspirados na própria experiência do autor / Alaor Ricardo Ruppenthal. – Porto Alegre, RS : AGE, 2010.
        il.
        Apêndices
        Inclui bibliografia
        14x21cm. ; 88p.
        ISBN 978-85-7497-484-2

        1. Educação - Finalidade e objetivos. 2. Ensino médio - Rio Grande do Sul. 3. Mudança social. 4. Educação afetiva. 5. Prática de ensino. I. Título.

      10-2060.   CDD: 370.98165
                        CDU: 37(816.5)

Alaor Ricardo Ruppenthal

Os novos potenciais em educação

Inspirados na Própria Experiência do Autor

PORTO ALEGRE 2010

© Alaor Ricardo Ruppenthal, 2010

Capa:
Marco Cena

Diagramação:
Maximiliano Ledur

Supervisão editorial:
Paulo Flávio Ledur

Editoração eletrônica:
AGE – Assessoria Gráfica e Editorial Ltda.

Reservados todos os direitos de publicação à
EDITORA AGE LTDA.
editoraage@editoraage.com.br
Rua São Manoel, 1787 – Bairro Rio Branco
90620-110 – Porto Alegre, RS, Brasil
Fone/Fax: (51) 3223-9385 – (51) 3061-9385
vendas@editoraage.com.br
www.editoraage.com.br

Impresso no Brasil / Printed in Brazil

Agradecimentos

Agradeço aos meus pais pela oportunidade de estar tendo esta experiência de vida na Terra, numa época tão importante para o planeta.

Agradeço a mim mesmo por ter-me permitido, de corpo e alma, experienciar estes Novos Potenciais em Educação.

Agradeço à minha esposa, Maristela Allgayer Ruppenthal, por sempre estar presente, nos bons e desafiantes momentos, dando contribuições importantes, seja participando destas novas experiências, quando possível, ou então compartilhando de forma salutar.

Agradeço à professora Antonieta Ema Bolzan, por ter participado das experiências dos Novos Potenciais e, principalmente pelo compartilhar salutar que tivemos ao longo dos últimos anos.

Agradeço à Maria Garcia da Rosa, por ter participado das experiências da Escola Estadual Prof. Oscar Pereira, e pelos bons momentos que compartilhamos nos últimos anos.

Igualmente agradeço à Gertrudes Rücker, pelos momentos gratificantes em que compartilhamos sobre a Nova Consciência e, por ter participado das experiências dos Novos Potenciais em Educação, no Colégio de Aplicação da UFRGS, nas aulas Opcionais.

De modo especial agradeço a todas as Direções das Escolas, da Escola de Aplicação da UFRGS, da Escola Estadual Prof. Oscar Pereira e da Escola Estadual Rafael Pinto Bandeira, pois essa abertura nos permitiu esta vivência educacional. Da mesma forma agradeço aos alunos que deram seus relatos, essenciais para que esta experiência inovadora pudesse ser compartilhada com todos. E de forma geral, agradeço a todos os alunos, professores e demais pessoas que participaram desta experiência, de alguma forma, pois esse compartilhar de vocês permitiu que ela fosse vivida.

Também agradeço a todos os Shaumbras[1], por compartilharmos a expansão da Nova Consciência na Terra.

Finalmente, agradeço à Editora AGE, pela publicação deste livro.

Alaor Ricardo Ruppenthal

---

[1] "É um grupo de humanos que podem dar risada, podem experienciar, que estão se expandindo, que estão saindo de um dos tipos de qualidades ou atributos mais principais e estruturados que a humanidade já teve, e eles estão fazendo isso com certa graça e facilidade – que é a mente. A mente."

Adamus of Sovereign Domain.

Prefácio

Tomar conhecimento desta obra cria encantamento, esperança e traz uma abertura para um mundo novo. É um livro inspirador para a humanidade, dotado de sabedoria e beleza, que transcendem o aspecto humano. Uma leitura leve, suave sobre uma experiência de amor incondicional.

As experiências relatadas são riquíssimas e nunca antes vivenciadas na sala de aula de escolas, dando-nos a percepção da quantidade de potenciais à disposição para serem experienciados.

* * *

As crianças e os jovens têm características diferentes, com possibilidades infinitas, para irem além das propostas que lhes são oferecidas. Os modelos vigentes já não respondem nem trazem soluções às situações novas que surgem constantemente.

A violência nas escolas mostra o quanto os jovens estão desorientados, confusos e indecisos, colocando em risco o seu comportamento e a responsabilidade para a idade adulta. Verdadeiro chamamento para unir e viver uma nova experiência de vida.

Sentimos tudo estar em transição, portanto é chegado o momento de a educação também passar por grandes transformações e avançar, possibilitando ao aluno ser ativo no processo, tendo liberdade, respeito e amor. Vivenciar novos potenciais e alcançar a realização de uma escola vibrante de satisfação e fraternidade, aberta e expansiva, agregando conhecimentos aos valores do ser humano. Adequar a qualificação dos professores aos novos potenciais, valorizando e reconhecendo seu desempenho no trabalho, a fim de oferecer uma aprendizagem mais saudável e atender as características individuais das crianças e dos adolescentes de hoje. Ambos atuando com autonomia e consciência.

* * *

Escola Nova – É o que os alunos expressam nos relatos e desenhos. Eles pedem isso efetivamente, por terem sido realizadas experiências com resultados surpreendentes, como relatado neste livro. Vibram, correspondem às oportunidades onde Amor, Liberdade, Criatividade e Respeito são a mais elevada presença.

Ficou comprovada sua produtividade em Alta Definição nas aulas de Física, do professor Alaor, que inúmeras vezes assisti. Ele deu início a essa valiosa experiência movido pelo seu nobre coração, por entender a necessidade de um convívio diferente, onde os jovens pudessem dispor de uma aula harmoniosa, baseada no respeito, e atendidos em suas diferenças pessoais.

É simples e fácil como tão bem descreve o Autor na sua forma clara e singela. Um trabalho cheio de paixão, entusiasmo e alegria. Há uma confiança absoluta, porque professor e aluno são iguais. Os diálogos são francos e amistosos. Realiza-se a unidade, que é o amor.

Nesta nova experiência de educação, para uma nova escola, aprendemos a fazer escolhas, criamos motivação e vivemos com autenticidade num ambiente salutar, onde todos adquirem um nível profundo de equilíbrio, deixando as marcas do amor em seus passos.

As dificuldades são compartilhadas no grupo, aflorando soluções e trocas enriquecedoras de experiências. Isso facilita o trabalho do professor. Faz conhecer na profundidade as individualidades, aceitando-as e orientando-as independentemente. Honra e compreende a sabedoria que trazem, entendendo ser um privilégio tê-los na sala de aula.

Dessa forma os alunos recuperam a estima, restabelecem a confiança, e o estímulo para aprender flui com naturalidade, pois, ao sentirem-se amados e respeitados, o comportamento muda automaticamente e os resultados positivos são eminentes. Deixar a aula fluir livre e respeitosamente abre novos potenciais e expande a consciência dos alunos, o que facilita um crescimento pessoal seguro, capaz de transformar sua realidade, expressando criatividade, afeto e senso de responsabilidade. Essa situação torna-se contagiante na sala de aula e vai criando ressonância no ambiente escolar, familiar e na comunidade. É envolvente! É inovador!

Todas essas experiências foram vivenciadas em diferentes espaços e contribuíram para o desabrochar de *Os Novos Potenciais em Educação*, os quais comprovam que, para obter êxito em qualquer segmento de nossa vida, é preciso aliar o conhecimento à sabedoria e sentimentos provindos do coração, pois nosso ser não é dissociado de tudo que nos cerca.

* * *

Para quem trabalhava no sistema tradicional, implantar o novo, o desconhecido, era um grande desafio. Mais fácil persistir em padrões onde nada se cria, mas só se copia. As regras, disciplinas rígidas e a autoridade do professor exigindo postura, silêncio e fazer aceitar o jogo reprimiam a espontaneidade e sentimentos do educando, intensificando as raízes do medo e o bloqueio de seu potencial. Mediante essa constatação, resultou ser impossível para eu retornar a essa antiga forma de trabalhar, especialmente após ter experienciado o Construtivismo (Emilia Ferreiro), na alfabetização das crianças, na série inicial, onde na época extasiei-me diante da criatividade e do interesse dos alunos, dada a liberdade de expressão. Construir juntos, uma experiência fantástica! Incomparável!

Essa situação, contraditória, me levou à aposentadoria no ápice da carreira.

* * *

Desde 2005, quando decidi vivenciar e compartilhar as experiências que geraram *Os Novos Potenciais em Educação*, cuja diferenciada visão humana torna a aprendizagem mais rica e ao mesmo tempo prazerosa, reacendeu em mim a centelha de luz que despertou uma nova realização como mestra e avó. Tornou-se essencial participar desse momento de transição, do velho para o novo mundo, e contribuir em amor com minhas experiências para a criação de um mundo melhor. Assim sendo, o meu sentimento é de júbilo e profunda gratidão por todas as oportunidades que me foram oferecidas no espaço escolar.

O que se retrata neste livro, para o leitor, é uma nova forma de se vivenciar a vida e para as escolas, uma escolha inovadora de vivência educacional, simples e prática. Contudo, está em nossas mãos criar novas ferramentas para inspirar uma aprendizagem para as crianças e os adolescentes dos tempos atuais, que seja condizente com um mundo construtivo e fraterno.

Depois de compartilharmos esta valorosa experiência, tudo faz crer que as escolas se sentirão motivadas para abrir suas portas, criar novos potenciais e iniciar uma salutar e inovadora forma de "educar" as novas crianças, sábias e conscientes.

Merecemos um Universo Escolar sintonizado, por inteiro, com a Vida, a Beleza, a Pureza e o Amor!

Momento de parar e refletir!

Quiçá, aqui/agora, sob a inspiração desta suntuosa abordagem, renasça dentro de si o propósito da mudança, para um caminho novo, à luz da consciência!

Antonieta Ema Bolzan

Sumário

Prefácio 7
Introdução 15

Capítulo 1: A gestação de uma nova consciência 19
As mudanças no mundo 19
Sentir *versus* pensar 20

Capítulo 2: Aspectos importantes dos alunos de hoje 23

Capítulo 3: Aspectos importantes dos novos professores 27
Os novos professores 27
Uma experiência interessante 29
Relatos dos alunos no CAp 30

Capítulo 4: Aspectos importantes das novas escolas 33
A escola antiga 33
A escola nova 33

Capítulo 5: Respiração profunda e consciente 37
A respiração 37
Relatos dos alunos no CAp 38

Capítulo 6: As experiências que geraram os novos potenciais
em educação 43
Introdução 43

As novas experiências 44
Mais relatos dos alunos no CAp 47

Capítulo 7: Educação tradicional *versus* novos potenciais 49
A educação tradicional 49
Os novos potenciais 51
Tomada de consciência 52
Atividades abertas 53

Capítulo 8: Os novos potenciais em educação 57
O que são os novos potenciais? 57
Os novos potenciais 58
Como fazer essa experiência de criar a nossa nova
realidade escolar? 60

Capítulo 9: Experiências com os novos potenciais 63
Introdução 63
Experiência na Escola Estadual Prof. Oscar Pereira 63
Relatos dos alunos 65
Experiência na Escola Estadual Rafael Pinto Bandeira 66
Relatos dos alunos 66
Considerações finais 68

Capítulo 10: Conclusões 71

Referências 73

Sites 73

Compartilhando com o autor 74

Apêndice A 75

Apêndice B 83

Introdução

Trabalhei em pesquisa sobre Física Quântica Aplicada, no Instituto de Física da UFRGS, durante o meu mestrado e doutorado, respectivamente nas áreas de Física Nuclear e Materiais Magnéticos, aproximadamente 12 anos. Após a conclusão do doutorado, continuei a ter contatos com pesquisa em Física por mais ou menos quatro anos. Depois disso ingressei na UFRGS como professor efetivo do Colégio de Aplicação, onde me dediquei com exclusividade a pesquisas voltadas para as experiências de sala de aula, e a escola como um todo.

Essa experiência foi com alunos do ensino médio e em parte com o ensino fundamental, realizada durante mais de seis anos, onde ficou claro, para mim, que o ensino só é agradável se houver um compartilhar salutar entre todos na escola, e mais especificamente na sala de aula, com todos se respeitando e respeitando os colegas livremente, em todas as manifestações.

Assim escolhi me dedicar exclusivamente em expandir essa nova forma de se vivenciar a escola, ou seja, expandir os novos potenciais em educação.

A minha experiência como professor foi durante 17 anos, e logo no início despertei o interesse de descobrir uma forma nova de vivenciar a sala de aula e a escola como um todo, pois sentia uma insatisfação nos alunos em geral. Além disso, percebi que os alunos estavam abertos a essa mudança.

* * *

Muito se houve falar que as crianças e os adolescentes de hoje são completamente diferentes, no que concerne a atitudes e necessidades, dos de outrora. De que nas escolas não se satisfazem em apenas escutar passivamente o professor esclarecer sobre determinados assuntos. Eles sentem necessidade de participar integralmente na criação de tudo o que acontece em sala de aula. De outro modo eles são inquietos e se desmotivam facilmente, e são pouco ou nada participativos nas atividades propostas.

Esse tipo de aspectos relativos às crianças e aos adolescentes de hoje é exaustivamente estudado e esclarecido em diversas literaturas atuais, no mundo todo. Existem inclusive pesquisas sobre essas crianças e adolescentes, que se mostram completamente diferentes de tudo que se conhece, resultando em nada, ou quase nada, qualquer iniciativa que se tome no sentido de ajudar esses seres baseado no que se fazia anteriormente.

Mostra-se notório, nesses estudos, que esses seres são muito sensíveis e respondem facilmente a um compartilhar de profundo amor, sinceridade e respeito.

Este livro visa, baseado em vários anos de experiências e inspirado na Nova Consciência, a apresentar uma forma simples e fácil de se resolver qualquer situação que se apresente em sala de aula e na escola como um todo.

* * *

As experiências decisivas, que inspiraram os potenciais para esta forma diferente de aula, foram vivenciadas através de projetos, da criação de disciplina optativa[1] e das aulas de Física das séries de 1º e 2º anos do ensino médio, no Colégio de Aplicação (CAp) da UFRGS, durante mais de seis anos.

Visando a expandir esses novos potenciais em educação, realizamos a experiência na Escola Estadual Prof. Oscar Pereira, durante a Escola Aberta[2], através de oficinas, nos sábados pela manhã. Realizamos a experiência principalmente com crianças das séries iniciais do ensino fundamental, durante o 2º semestre de 2008. Nessa experiência trabalhamos a essência dessa forma diferente de aula, sem nos referirmos a nenhuma disciplina em específico.

Ainda, em forma de vivência, apresentamos essa nova experiência de aula na Escola Estadual Rafael Pinto Bandeira, em novembro e dezembro de 2009, para alunos da 5ª a 8ª séries, turmas essas consideradas as mais difíceis da escola.

Essa forma simples, acessível a todos, visa a não se mostrar melhor que as demais formas de aulas, mas sim mostrar uma experiência diferente de se vivenciar a sala de aula.

As experiências mostraram que essa nova dinâmica de aula faz o aluno se sentir confiante em si mesmo, satisfeito e naturalmente participativo.

Essa experiência de sala de aula, e a escola como um todo, permite aos alunos expandirem naturalmente a sua consciência,

---

[1] Ruppenthal, Alaor Ricardo, Enriquecimento Curricular (EC), Disciplina Optativa, *Física Quântica e a Nova Consciência Humana*, no CAp./UFRGS, de 2005 a 2008.

[2] "A proposta central do Escola Aberta é proporcionar aos alunos da educação básica das escolas públicas e às suas comunidades espaços alternativos para o desenvolvimento de atividades de cultura, esporte, lazer, geração de renda, formação para a cidadania e ações educativas complementares durante o final de semana. Seu foco prioritário são os jovens."

uma vez que escolhem por sua iniciativa, criar o estilo de aula e o ambiente escolar que os satisfaçam, compartilhando com funcionários, professores e colegas.

É importante esclarecer, também, que esses novos potenciais em educação, aqui apresentados, têm como essência aceitar que o aluno é um ser com sensibilidade, consciência, conhecimentos e experiências a serem compartilhados com os professores, colegas e funcionários da escola.

Para facilitar a sua leitura

Este livro foi escrito com a linguagem do coração. Assim, da mesma forma que você sente o ambiente agradável de um lugar, você também sente a essência deste livro ao lê-lo, ou seja, você capta as entrelinhas, vai além do mental. Isto é, você o lê por inspiração.

Contribuições

Os nomes dos alunos que deram seus relatos sobre as aulas, referentes aos Novos Potenciais em Educação, em 2008 e 2009, que constam neste livro, não foram mencionados por não possuirmos as suas autorizações e de seus responsáveis, considerando que não tínhamos seus telefones e/ou *e-mails*, para contato.

Capítulo 1

A gestação de uma nova consciência

As mudanças no mundo

O mundo está passando por uma transformação profunda. Mudanças de paradigmas, de consciência, estão acontecendo na economia, no meio ambiente, clima, saúde, novas fontes de energia e, enfim, em todas as coisas.

Essas mudanças estão na verdade gestando uma nova consciência.

Da mesma forma, as escolas precisam passar por essa mesma transformação, para que se possa facilitar uma adequação aos novos tempos que estamos vivendo.

As crianças e adolescentes, como observações e estudos no mundo todo mostram, assim como cientistas atestam, já estão nascendo com essa nova consciência, visto facilmente pelas atitudes e expressões diferentes que eles têm dos de outrora.

Esses novos potenciais, que aqui estamos compartilhando, estão nada mais fazendo do que respondendo a essa natural mudança no mundo.

Sentir *versus* pensar

O mundo hoje está basicamente centrado na mente; tudo visa a resultados, seja no mercado econômico, nos esportes, na saúde e assim por diante. Busca-se valorizar o que parece ser o melhor. E com isso a consciência, os sentimentos, o coração ficam esquecidos: poucos se lembram de respeitar as escolhas de alguém, os sentimentos de alguém.

Também as escolas estão passando por essa mesma situação; valoriza-se mais quem se considera o melhor aluno, sem considerar os sentimentos e a consciência de ninguém.

Precisamos entender melhor como este mundo humano foi criado até hoje. Ele basicamente funciona através da razão; tudo é feito analisando os prós e contras, que na verdade estão excluindo totalmente os sentimentos e a consciência, que diferenciam os seres humanos uns dos outros. Ninguém é igual, mas todos são igualmente importantes.

Vocês já perceberam por que existe tanta burocracia neste mundo humano? Isso ocorre porque existe a tentativa de padronizar tudo, em todas as áreas, inclusive nas humanas; é algo simplesmente estarrecedor. Com isso é esquecido algo fundamental: os sentimentos, o amor, a consciência.

Nas escolas acontece o mesmo: tenta-se padronizar os alunos, e isso é algo totalmente impossível, pois somos seres conscientes, sensíveis; cada um tem a sua própria consciência, os seus próprios sentimentos.

A razão, a mente, com seus pensamentos, é apenas uma pequena parte do ser humano total. Precisamos imediatamente levar em conta os sentimentos e a consciência de todos, pois é aí que estão as respostas a todos os enigmas hoje vividos. Diz-se, inclusive, que os sentimentos puros vêm da alma, são a expressão da alma.

Vamos, através de um exemplo prático, mostrar isso com mais clareza. Você visita um lugar que nunca antes conheceu, sequer através de fotos, e logo ao chegar sente algo agradável, como se aí vivessem pessoas amorosas e harmoniosas. Ao conversar com essas pessoas, você verifica que elas são pessoas realmente assim.

Vocês perceberam como os sentimentos são profundos e ilimitados? Fazem você perceber tudo imediatamente, enquanto que a razão precisa pesquisar, precisa analisar; em outras palavras, tem pouco alcance; só percebe o superficial.

É fácil observar se expandirmos essa experiência para a sala de aula, e para a escola como um todo, como isso vai mudar completamente essa experiência, pois podemos perceber, através dos sentimentos, imediatamente, a situação de cada aluno. É claro, precisamos nos acostumar a isso, mas pela minha própria experiência, digo que pode ser muito simples e fácil.

É importante estarmos esclarecidos de que o sentir aqui usado é um sentir profundo, que é a expressão da nossa alma, enquanto que emoção é algo que sentimos ao reagir a alguma situação, como, por exemplo, reagir a alguém que nos agrida.

Agora nos lembremos de que o mundo de hoje está basicamente construído através do mental, sem considerar os sentimentos, a consciência. Justamente por isso que as mudanças no mundo estão nos levando a considerar o ser humano como um todo, isto é, a amarmos e respeitarmos a nós mesmos e aos demais, assim como todo o nosso planeta.

Aspectos importantes dos alunos de hoje

Existem muitos que até dizem que os alunos de antigamente eram melhores, pois, segundo eles, eram mais educados. Será mesmo? O fato é que as crianças de hoje são totalmente diferentes. Basta perguntarmos aos pais e avôs (avós) sobre seus filhos e netos, e eles nos dirão que são diferentes dos da época deles. Algumas sabem de antemão sobre coisas nunca antes vistas ou experienciadas, outras são insubordinadas, ou seja, não aceitam uma autoridade que não dialogue com elas de igual para igual, e assim por diante. Assim existem diversas características nas crianças de hoje, mas uma coisa é certa: todas são muito sábias e conscientes.

Já vi expressões de avôs do tipo "basta perguntar para qualquer criança sobre o amor e elas lhe darão uma aula sobre o assunto". Sabem as coisas muito antes do considerado normal.

Sempre se tinha conhecimento sobre crianças bem dotadas, mas nunca se viram tantas ao mesmo tempo; alguns chegam a dizer que após o ano 2000 mais de 90% delas são diferenciadas já ao nascerem.

Existem diversas pesquisas científicas sobre o assunto, e inclusive mostram que essas crianças já nascem imunes a doenças.

Numa dessas pesquisas um cientista demonstrou que o DNA dessas novas crianças é totalmente diferente do de pessoas adultas em geral. Inclusive demonstrou que o DNA dos adultos também está se transformando.

Sabe-se, através dessas pesquisas, que essas crianças têm uma percepção total das coisas e de imediato. Isso explica por não se interessarem por aulas ou assuntos sem a sua inteira participação e envolvimento.

Essas crianças, na sua maioria, com algumas diferenças entre elas, são muito rápidas na aprendizagem quando se interessam por algo.

Como será que fica a escola em tudo isso? Em outro capítulo vamos mostrar como seriam as escolas ideais para essas novas crianças.

Uma coisa é fato e certo: estamos vivendo em novos tempos. E esses tempos podem ser fáceis ou difíceis; isso depende se escolhemos acolher essas crianças dessa nova forma, como mostramos neste livro, ou continuar na forma antiga e assim passar por tremendas dificuldades. Essas crianças já nascem com uma consciência nova e diferente; assim, por mais que elas queiram se adequar, por amor aos adultos, elas não conseguirão, e se frustrarão, pois as estruturas e sistemas as sufocam com exigências que se desviam da sua forma natural de ser.

Neste livro esclarecemos, através de inúmeras experiências em escolas, como é simples e fácil lidar com essas novas crianças e adolescentes, desde que os incluamos nas escolhas que resolvermos fazer, seja na sala de aula ou na escola como um todo.

Existe mais uma coisa importante quando falamos das crianças, que é termos humildade em pedir ajuda a elas, pois, lembrem-se, elas são muito sábias e conscientes, e vocês se surpreenderão de como elas nos ajudam e ensinam com satisfação e alegria.

Já coloquei algumas coisas que facilitam totalmente a nossa convivência com essas crianças. Existe ainda um aspecto muito importante quando se fala das crianças, que elas precisam da nossa compreensão e ajuda, para que se adaptem a este mundo de forma rápida e adequada, pois, acima de tudo, elas são muito sensíveis.

Pode realmente parecer impossível que uma criança seja mais sábia e consciente, por exemplo, que um adulto. Mas, diga-se de passagem, essa é a constatação da mente humana, do lado racional do ser humano, sem considerar os sentimentos, que percebem o todo em profundidade. E lembremos: a mente é apenas uma pequena parte do ser humano total.

Precisamos perceber que os fatos estão aí para todos verem e sentirem, e estão por todo lado. Até se diz que na dúvida os fatos é que nos indicam o rumo.

Existem livros, estudos e pesquisas que confirmam esses fatos sobre as crianças, absolutamente. Além do mais, o mundo fica muito mais colorido e interessante com a participação criativa das crianças. Não é mesmo?

É preciso que todos se conscientizem de que as escolas precisam se abrir para estes novos tempos, que já estamos vivendo.

Uma vez que a escola, família e seja o lugar que for, se abrir para esta forma totalmente nova e diferente de educar, que sentem e aceitam que os alunos participem em tudo que ocorre nas escolas, tenho a plena certeza de que serão bem-sucedidos. Dessa maneira teremos uma nova escola, família, sociedade e, enfim, um novo mundo, onde todos vivem satisfeitos, e respeitam e amam a si próprios e aos outros.

Capítulo 3

Aspectos importantes dos novos professores

Os novos professores

A intenção principal deste livro é mostrar, através da experiência, uma nova forma de se lidar com os alunos e a situação da escola como um todo. Sentimo-nos satisfeitos ao compartilhar as nossas experiências, que nos abriram para uma nova perspectiva de como compartilhar com os alunos, onde todos são tratados de forma respeitosa, o que inspira uma expressão satisfatória e criativa para todos.

Considerando todos os aspectos que envolvem os alunos de hoje, no seu modo de ser, por serem mais sábios e conscientes, além de terem seus conhecimentos e experiências, é adequado que os professores de hoje saibam antes de tudo compartilhar com esses alunos de forma livre, respeitosa e aberta, mesmo que sua experiência seja bem maior.

No dia a dia, esse compartilhar faz a aula fluir com eficiência, sendo o professor o coração desse compartilhar.

Essas crianças são sábias e muito conscientes. Se você conversar com elas sobre qualquer assunto do seu interesse, como, por exemplo, o meio ambiente, elas vão propor uma série de soluções.

Sabe-se que, se os alunos participam da dinâmica de aula, eles se sentem úteis e, além disso, facilitam a aula do professor, pois vão sugerir uma série de soluções que sequer se imaginava existirem.

Sempre que algum colega me perguntava sobre o que fazer sobre determinada turma, aconselhava que fosse conversar com a turma a respeito do que sentem das suas aulas, e se desejam propor alguma sugestão para torná-las melhores. A solução adequada sempre vem de um amoroso compartilhar com os alunos.

Existe, de certa forma, o medo de que ao se fazer isso o aluno tome conta da aula, mas a experiência me mostrou que é exatamente quando os alunos participam da aula que eles mais se interessam por ela. Isto porque fazemos o que é natural no ser humano: sentir-se útil, amado e respeitado.

Essa dinâmica de aula, por ser nova, precisa algum tempo de adaptação por parte dos alunos e professores, mas em geral os alunos estão sempre prontos para novas experiências, naturalmente.

Tudo isso facilita o desenrolar da aula e tira um peso enorme das costas do professor, que é ter que cuidar de todos os alunos ao mesmo tempo; sejamos francos, é impossível. E nesta nova forma de se trabalhar, os alunos começam a entender isso e colaboram para o bom fluir da aula, pois, no fundo, agora todos se sentem responsáveis por ela. Além disso, você permite a si e aos alunos serem conscientes das suas atitudes perante si e os outros.

Eles, os alunos, por compartilharem com todos, livre e respeitosamente, crescem em consciência e responsabilidade.

Uma experiência interessante

Quando uma mãe permite que a sua filha, ainda pequena, participe da sua cozinha, muita coisa pode acontecer, desde fazer as coisas às avessas, até quebrar alguns pratos, mas uma coisa é certa: a mãe verá um brilho no rosto de sua filha, uma satisfação e alegria expressas durante as tarefas. Por fim, nesse salutar compartilhar entre mãe e filha, a criança se tornará perita nas tarefas de cozinha, de forma simples, fácil e natural.

Nesse compartilhar, repleto de respeito e amor, acontecem as coisas mágicas. Nasce aí uma pessoa com amor e respeito próprios, uma pessoa de autoconfiança, soberana, que se expandirá pelo mundo afora através do seu compartilhar com as outras pessoas. Sempre envolta numa atmosfera de amor e paz, faz com que as outras pessoas se sintam bem em apenas estar na sua proximidade, isto é, todas as portas do mundo se abrem para ela, naturalmente.

Exatamente assim é adequada uma sala de aula, onde as tarefas são o compartilhar dos assuntos da disciplina do professor. Mesmo vendo que alguns alunos se desviam inicialmente, com paciência, o professor vai esclarecendo até que todos se sintam bem e satisfeitos uns com os outros, ou seja, expressou-se um compartilhar salutar entre todos. Nesse processo, os que têm mais facilidade sobre determinado assunto compartilham naturalmente com os que mais precisam. Por fim, todos acabam crescendo como pessoa em termos de consciência e soberania, aprendendo a se expressar criativamente e com satisfação, pois são sempre respeitados na sua forma de ser. Além disso, cada um sente e tem consciência de que além dele existem seus colegas, com suas experiências e necessidades, que precisam ser respeitados. No fim de tudo, todos assimilam de forma viva os assuntos da disciplina em questão, pois aconteceu num compartilhar intenso e respeitoso entre todos.

Essa é a essência dos novos potenciais, apresentados de forma viva neste livro, muito simples e fácil, mas absolutamente eficiente, e que desperta a alegria e a satisfação de todos os envolvidos.

Relatos dos alunos no CAp

Através dos próprios relatos de alunos sobre as aulas de Física, após o primeiro trimestre de 2008, podemos sentir como esta nova experiência de aula transforma o ambiente:

- ✓ "...senti que as aulas de Física foram bastante interessantes e agradáveis...."

- ✓ "...aula de Física é uma das aulas de que mais gosto, uma aula bem calma, bem tranquila...."

- ✓ "Em relação à Física, eu não me sinto tão pressionada como nas outras matérias, em que 'rola' um estresse maior. ... eu fico mais calma durante as aulas de Física."

- ✓ "...As aulas são bem legais; eu peguei o conteúdo. As aulas são bem agradáveis, bem calmas. ... As tuas aulas são as mais divertidas!"

- ✓ "Eu senti tranquilidade para aprender..."

- ✓ "Bom, a aula de Física tem uma energia muito boa; eu gosto muito, pois o professor Alaor, além de ensinar muito bem, consegue dar aula sem ter que escrever no quadro, etc. E é muito sincero. Isso que eu gosto, tudo que pensa ele diz sem medo, e com isso me sinto muito bem na aula."

Capítulo 4

Aspectos importantes das novas escolas

A escola antiga

Em tempos passados, as escolas, assim como as universidades, eram consideradas centros de excelência, onde os alunos iam para aprender, pois lá estavam, segundo se acreditava, os mestres de todas as áreas, que ensinavam seus conhecimentos aos alunos.

Hoje em dia, essa situação continua basicamente a mesma, ainda que a forma de fazê-lo tenha mudado.

Considerando o que conhecemos sobre os alunos de hoje, e também sobre essa estrutura educacional das escolas, torna-se potencialmente uma dificuldade, mas novos potenciais, que solucionam essa situação, podem ser criados.

É preciso que a escola se ajuste aos novos tempos que vivemos.

A escola nova

Nas novas escolas, é sensato existir um compartilhar salutar e espontâneo da direção com todos: alunos, professores, funcionários, pais, comunidade e meio ambiente, sendo a direção da escola o coração desse compartilhar.

Nesta escola, como se pode sentir, há satisfação de todos, pois tudo que se passa nela está aberto à participação de cada um livremente.

Além disso, esta nova escola percebe que os professores, alunos, funcionários, pais dos alunos e as pessoas da comunidade local, assim como qualquer outra pessoa, são seres conscientes, com conhecimentos e experiências, e que são respeitados. Da mesma forma está ciente de que o meio ambiente, assim como todo o nosso planeta, é vivo, possui consciência, e merece ser amado e respeitado, pois, afinal, somos todos um, ou seja, estamos interligados; o que acontece com um repercute em todos.

Mais adiante, neste livro, apresentaremos os novos potenciais em educação, por nós vivenciados, que satisfazem exatamente essa ideia de nova escola. Para nos inspirar, vamos sentir essa nova experiência de educação, através dos relatos de alunos da Escola Estadual Rafael Pinto Bandeira, de 5ª a 8ª séries, que a vivenciaram em novembro e dezembro de 2009:

✓ "Eu sinto que este é um momento único em nossas vidas!

Não só na minha vida, mas na vida das pessoas que eu conheço e na vida das pessoas que eu também não conheço!

Espero que todo mundo um dia tenha a 'plena' consciência de que poderemos ser felizes, sem guerras, drogas, brigas!

E que o mundo seja feito com muito Amor, Carinho e Compreensão!"

✓ "Tranquilidade, leveza...
Esta escola é muito legal; juntos fazemos tudo."
✓ "Eu me sinto alegre, extrovertida.
Eu me sinto alegre neste momento."
✓ "Eu gostei muito da ideia de vocês, quero ajudar vocês sim, eu sempre quis isso na escola e nunca imaginei que isso existia; sabia pra mim que isso era uma coisa impossível.
Eu sou uma pessoa que se interessa bastante nesses assuntos, eu adoro falar da minha vida, ir em lugares calmos e ficar refletindo sobre a vida. Só uma coisa que eu falo pra vocês: nunca desistirem desse trabalho; as pessoas podem falar que isso é bobagem, mas não é; muitos adolescentes querem isso na escola; por exemplo, eu quero e nunca desisto do que eu quero.
Ah, eu acho que era só isso.
Adorei muito esta aula."
✓ "Eu me sinto um pouco triste com minha família, mas fiquei feliz com esta aula, e feliz de conhecê-los."
✓ "Eu achei esta experiência de educação legal e me sinto um pouco melhor."
✓ "Eu adorei esta aula.
Achei muito bom.
Por que às vezes é muito bom conversar,
falar o que a gente está sentindo; amei todos vocês.
Muito obrigado!
Pela aula de hoje!
Parabéns!
Um grande abraço!"

✓ "Eu estou me sentindo muito bem.
Estou calma, tranquila e gostei da aula que vocês dois professores nos ensinaram; foi bem interessante; para mim pelo menos me fez refletir bem.
Foi bom quando falamos de nós jovens.
Nós também existimos, dentro de uma escola, e também nós temos que 'ter a' atenção dos familiares e prof., etc. Adorei a aula."

✓ "Eu acho que vai melhorar mais a escola, vai dar uma ajuda,
...,
e eu estou contente de saber que existem pessoas assim legais, bem bacanas.
Fazendo uma boa ação, por isso estou muito contente em saber disso."

✓ "Eu acho que este projeto traz uma nova visão do que é educação; não precisamos viver como estamos habituadas, que temos no dia a dia no colégio. Mas cabe a cada um ser uma pessoa melhor. Como foi relatado, nós não precisamos de um diploma para mostrar quem somos; sei que muitos têm capacidade de lutar por um novo ideal de liberdade de expressão e termos consciência que podemos lutar por um sonho que parece ser impossível. Mas todos somos capazes de realizar nossos objetivos.

Desejo boa sorte nesta jornada que vocês vão percorrer até conseguir realizar.

Boa sorte!"

Capítulo 5

Respiração profunda e consciente

A respiração

Quando se fala em respiração, todos sabem do que se trata, pois ninguém vive sem respirar. Por ser tão essencial na nossa vida, resolvi apresentar um capítulo à parte sobre o assunto.

Milenarmente a respiração vem recebendo uma atenção especial, não só em questões espirituais; para se cantar, por exemplo, existem exercícios respiratórios adequados.

E na escola, será que a respiração merece uma atenção especial também? Como veremos a seguir, ela é sim muito importante.

Em termos da nova consciência, o que a torna tão especial? A razão é muito simples: quando você respira profundamente, com consciência, facilita uma integração corpo, mente e alma, ou seja, você está dizendo sim para a vida. Existe ainda a questão de que quando você respira com consciência e com profundidade, você faz com que suas energias se movimentem. Por exemplo, se você possui algum bloqueio emocional, esse bloqueio será trazido à superfície para ser liberado. Por isso, respirar dessa forma com consciência pode parecer que sua situação piore, mas continuando a respirar, quando você menos espera, essa situação desaparece.

Todos os problemas que surgem na nossa vida são criados de certa forma pela mente, que os tenta resolver e não consegue, piorando assim a situação. Ao respirar profunda e conscientemente, você percebe que eles se resolvem por si só, facilmente, como se fosse fogo de palha. Isso ocorre porque, ao respirar assim, você libera a mente com seus problemas, que somem, simplesmente.

Como será esclarecido no capítulo seguinte, realizávamos, no início ou durante as aulas, uma respiração profunda e consciente, para que o aluno estivesse 100% presente naquele momento. Além disso, essa respiração facilitava ao aluno se interiorizar, liberar bloqueios, estresses ou qualquer outro tipo de dificuldade que o estivesse incomodando no momento da aula. Para isso acontecer, bastava que o aluno estivesse aberto naquele momento. Com isso o aluno se sentia aliviado e com a consciência focada, fazendo a aula fluir com facilidade.

A seguir vamos apresentar relatos dos próprios alunos do ensino médio, que realizaram essa respiração no início ou durante as aulas de Física, no 1º semestre de 2008.

Relatos dos alunos no CAp

✓ "Professor Alaor, achei o relaxamento (*respiração profunda*) muito bom, pois me senti com mais energia, e bem melhor pessoalmente. Gostaria de fazer isso no início de todas as aulas."

✓ "... um ponto muito importante foi conseguir realizar a técnica de relaxamento *(respiração profunda)* sempre refletindo sobre mim..."

✓ "Eu me senti mais livre, com liberdade e muito mais relaxado. Me senti melhor comigo mesmo."

✓ "Senti nas aulas a tranquilidade mais profunda. Quando fazemos relaxamentos e refletimos sobre nossos atos, por mais que eu esteja disperso, penso muito no que ouvi durante as aulas.
...
Talvez eu esteja mudando.
Eu te admiro muito e acho tuas aulas exemplares, não somente para o colégio e sim para a vida."

✓ "No momento em que fechei meus olhos, senti minha respiração fluir de maneira diferente e comecei a ficar tranquila e super-relaxada; adorei a experiência e vou procurar fazer mais vezes."

Fica mais clara ainda a importância da respiração profunda e consciente para os alunos, no seguinte relato de um dos alunos, após eu não a ter mais experienciado no início das aulas:

✓ "Eu me senti muito agitado, pois nós não fazemos mais o repouso *(respiração profunda);* eu faço em casa, mas é melhor fazer em sala; fica uma energia muito boa..."

Todos os alunos demonstraram essa mesma satisfação durante essas experiências.

Nesse momento da respiração profunda não só os alunos relaxam e se interiorizam, mas também os professores, que igualmente precisam desse momento, pois todos são seres de corpo, mente e alma. Essa interiorização faz com que corpo, mente e alma se equilibrem, ou então, se fundam, o que dá uma sensação de equilíbrio e bem-estar.

Nesse relaxamento e aprofundamento interior, é comum aflorarem emoções ou sensações muitas vezes reprimidas; por isso, é adequado, após a respiração, permitir àqueles que quiserem se expressar o possam fazer.

Existem diversos fatores que interferem numa aula, mas as experiências e percepções nos mostram que um ambiente escolar agradável se constrói com um compartilhar mútuo entre todos, professores e alunos, respeitando-se e respeitando a todos. Isso é facilitado com esse momento de interiorização e equilíbrio.

As experiências acima mostram como os alunos se sentem após a respiração profunda e consciente. Só conseguimos fazer algo com espontaneidade, alegria e satisfação se estivermos bem conosco mesmos, de corpo, mente e alma. Por isso a respiração é tão importante numa aula, pois é fácil perceber como os alunos chegam em sala de aula, muitas vezes desmotivados, agitados, por razões mil. Agora, imaginem como facilita o fluir da aula se você abre esse espaço para os alunos se centrarem e aprofundarem em seu ser interior, ou alma. Percebem como isso muda a dinâmica de aula, como mostrado nos relatos dos próprios alunos.

Após esse momento de aprofundamento, cada aluno estará disposto e satisfeito para prazerosamente e com alegria participar e compartilhar sobre os assuntos da aula, com os seus colegas e professores, mas agora de forma consciente. Uma aula assim só pode trazer bons frutos, pois todos estão crescendo de forma integral.

Alunos assim acabam expandindo essa consciência, com satisfação e alegria, para todos os lugares em que forem, ou seja, estará se criando uma Nova Terra.

Capítulo 6

As experiências que geraram os novos potenciais em educação

Introdução

Vivenciei 17 anos como professor, e nesse período pude perceber o surgimento desta nova experiência educacional, desde o seu nascimento até o desabrochar final. Foi possível experimentar as velhas dificuldades da educação tradicional até a dissipação dessas mesmas dificuldades com esses novos potenciais, parecendo até milagroso, o que não deixa de ser.

Existem muitos autores sobre educação, inclusive religiões e espiritualistas que têm as suas ideias e experiências. As Universidades e escolas escolhem alguns autores em educação que consideram os adequados, mesmo sendo, muitos deles, de épocas bem antigas.

A pergunta que gostaria de compartilhar com todos vocês é a seguinte: seriam adequadas, por mais brilhantes que tivessem sido, em sua época, as ideias desses autores para solucionar os problemas atuais em educação? Pois lembremos que os problemas da época desses autores foram completamente diferentes e que os problemas atuais são de nossa época, com características comprovadamente inéditas em todos os tempos.

Sabemos ainda que o ser humano se desenvolve e expande em consciência, conforme as experiências que vive. Precisamos nos aprofundar em nós mesmos, de forma que tenhamos absoluta autoconfiança, e assim possamos sentir qual seja a nossa experiência educacional mais adequada.

Esses potenciais, que aqui apresentamos, surgiram desse aprofundamento interior e experiência, durante 17 anos.

Quando nós nos tornamos conscientes da forma como nos relacionamos com as pessoas, fica fácil perceber qual é a prática educacional mais adequada.

Uma professora do Projeto Rondon da Universidade Federal de Santa Maria (UFSM), em entrevista, relatou que mesmo se preparando para ensinar as pessoas, não era o bastante, pois acontecia que, ao entrar em contato com elas, percebia que essas pessoas também tinham os seus conhecimentos, necessidades e vivências. Assim a solução surgia naturalmente ao compartilhar o que sabia com o que eles tinham como conhecimentos, necessidades e vivências. Da mesma forma o natural compartilhar entre professor e alunos faz aflorarem facilmente as soluções de como vivenciar a sala de aula adequadamente, para um aprendizado agradável a todos.

Soluções são dinâmicas e surgem adequadas às pessoas envolvidas no processo. Elas surgem quando existe amor e respeito um pelo outro, e abertura de ambos os lados em compartilhar livremente, respeitando as escolhas e opiniões de todos.

As novas experiências

Vamos compartilhar as experiências que tivemos no Colégio de Aplicação da UFRGS (CAp). Todas essas experiências realizadas neste novo enfoque.

Embora as minhas experiências como professor, desde o início, fossem essenciais para que surgissem, mais tarde, esses novos potenciais para a educação, escolhi mostrar as experiências decisivas. Os anos que estive no Colégio de Aplicação, de 2001 até 2008, foram decisivos para que estes novos potenciais fossem gerados absolutamente.

No princípio apenas observava os alunos durante as aulas, percebia seus comportamentos à medida que apresentava atividades e dinâmicas de aula diferentes.

Como professor e pesquisador em Física, fazia inicialmente as minhas observações e experiências em Física, mas que se aplicam a qualquer área.

A partir do ano de 2005 iniciei uma espécie de incubadora destes novos potenciais de aula, que se baseava na criação de uma disciplina optativa, *Física Quântica e a Nova Consciência Humana*, onde os alunos, em média de 10 a 15, participavam livremente, por sua escolha, dessa experiência nova de educação. Deixávamos claro que nesses momentos da aula optativa não existiam professores e alunos, e sim participantes. Esclarecíamos também que todos se sentissem livres na forma de participar e liberassem qualquer preocupação extra, seja sobre provas ou o que fosse.

Iniciávamos essas aulas com uma respiração profunda e consciente, onde se liberavam as preocupações, estresses e outras dificuldades. Toda essa dinâmica de aula era acompanhada de uma música ambiental de fundo.

Nessas aulas compartilhávamos sobre soluções para dificuldades de relacionamento com professores, como relaxar nas provas, como se relacionar adequadamente com seus familiares, e assim por diante.

Os resultados, nessa aula optativa, surgiam espontaneamente, como relatado pelos participantes, assim como por colegas professores e integrantes da direção da escola, que sentiam os efeitos dessas aulas nos alunos. Como também percebido, através de uma pesquisa feita, pela direção da escola, sobre todas as disciplinas optativas. Vocês vão sentir isso claramente nas aulas de Física, através dos relatos dos próprios alunos, mostrados neste livro.

Depois da primeira experiência, pois a disciplina era semestral, a procura por nossa aula foi crescendo de forma espetacular, chegando a aproximadamente 50 alunos inscritos, para 15 vagas.

A partir de 2007, senti que já era hora de expandir essa experiência para a sala de aula, ou seja, para as minhas aulas de Física, principalmente porque muitos alunos expressavam o desejo de participar dessa vivência, e outros diziam que não se inscreviam dado sempre o grande número de inscritos, sendo assim difícil de ser escolhido por sorteio, além de só estar aberto a cada aluno fazer uma vez essa disciplina. Assim, decidi ajustar as aulas de Física às experiências vividas na disciplina optativa. Foi maravilhosa essa decisão, pois assim pude levar a experiência a todos os meus alunos.

Teríamos então uma série de questões a esclarecer, pois embora já bastante inovadora a minha aula de Física, ainda estava distante das conclusões a que cheguei nas experiências da disciplina optativa. Aos poucos fui esclarecendo os alunos sobre a nova forma de vivenciar a sala de aula, e eles prontamente aceitaram com alegria essa ideia, pois estão sempre abertos a novas iniciativas.

Esses potenciais consistem principalmente em abrir a sala de aula para a participação total dos alunos, inclusive liberando as provas tradicionais como forma de verificar a evolução dos alunos. Fazia-se esse acompanhamento através de atividades abertas, de forma individual, envolvendo os assuntos compartilhados entre todos em aula. Nessas atividades abertas se compartilhava individualmente com cada aluno sobre os assuntos da aula, até sentir que estavam esclarecidos.

Fui testando essas vivências com os alunos até sentir a forma adequada de dinâmica durante as aulas. Sinceramente, no início foi bastante desafiador, pois os alunos, muito acostumados à antiga forma, levaram tempo para perceber as sutilezas desses novos potenciais de aula. Entretanto, uma vez experienciados pelos alunos, vocês puderam perceber através dos relatos unânimes, vistos neste livro, sobre a satisfação que sentiam nessas aulas.

Existiam questões simples e complexas, como, por exemplo, que essa dinâmica era experienciada somente na minha aula, o que criava uma série de questionamentos nos alunos e colegas professores. Entretanto, com o passar do tempo, alguns professores mais abertos começaram a vivenciar dessa forma as suas aulas e perceberam a simplicidade delas e a satisfação que os alunos sentiam, pois participavam em tudo o que acontecia na sala de aula.

Nesses novos potenciais, como já esclareci anteriormente, cada aluno é aceito como um ser consciente, sensível, com conhecimentos e experiências a serem compartilhados com todos.

A seguir teremos relatos de alunos, representativos de 3 turmas do 1º ano do ensino médio, com 30 alunos em média por turma, após o 1º trimestre de 2008, ano em que esses novos potenciais já estavam adequadamente experienciados. Esses mesmos resultados, embora de forma inicial, já foram observados no ano de 2007, com alunos do 1º e 2º anos do ensino médio.

Mais relatos dos alunos no CAp

✓ "... pude sentir as aulas diferentes de todas as outras. Ela interagia muito bem entre os alunos e pelo menos em mim pude sentir uma diferença..."

✓ "... aprendi a ser eu mesma e aprendi a valorizar o professor que tenho."

✓ "Eu me senti bem... Gostei muito do método de o professor dar aula."

✓ "Bom no 1º dia de aula, como sou nova, achei que seria apenas só mais uma matéria, cheia de contas, conteúdos, etc. Mas a partir de que comecei a me entrosar mais com o professor e os meus colegas, pude perceber que não era apenas uma aula, e sim um pouco de aprendizado para a vida. Aprendemos refletindo, pensando e fazendo as coisas que nos sentimos bem fazendo."

✓ "Eu me senti muito bem... Gostei do jeito que o Alaor proporciona as aulas fazendo com que a turma sinta uma energia positiva.
Achei muito legal, pois nunca havia conhecido uma pessoa tão positiva, que só tem vontade de fazer o bem no mundo. Foi isso que eu senti nas aulas."

✓ "Confesso que no começo do trimestre eu me senti meio insegura; não sabia como era uma aula de Física, mas quando começou a ter matéria eu vi que não era tão difícil assim. Durante o trimestre eu comecei a me soltar mais e percebi que realmente era isso que faltava, de eu me sentir mais à vontade. Eu gostei das aulas de Física e também gostei do método de ensino do professor..."

Todos expressaram a mesma satisfação durante as aulas.

Capítulo 7

Educação tradicional versus novos potenciais

A educação tradicional

O que mais me impressionou nas escolas em que estive trabalhando, mas de forma inadequada, foi o fato de que, fosse a atividade em sala de aula que fosse, os alunos diziam: "isto vale nota?" Esse fato, embora indesejável, é comum. Por que será? A educação hoje, de forma geral, visa ao resultado, sem focar profundamente o processo. Conheço muitos casos de alunos que se desmotivaram por completo de estudar, pois sabiam que realmente o que importava era a nota, e para a sua sobrevivência passaram a se focar nisso. Todos sabem que para ir bem numa prova não basta estudar, mas sim estar, acima de tudo, tranquilo e centrado no momento da prova, além de estar num dia inspirado. Sejamos sinceros: isso está distante das condições normais do dia a dia de aula. Além disso, a prova avalia muitas coisas além do estudado e vivenciado em aula, sem contar que causa um estresse enorme nos alunos, pois o resultado dela é imutável e não considera o processo todo vivenciado em aula, que, sejamos francos, é inadequado.

Será isso adequado para a formação dos seres humanos que desejamos para que um dia nos liderem, que sejam os professores do amanhã, que cuidem com amor e satisfação de nosso bem-estar no futuro? Serão eles de consciência aberta, esclarecida, equilibrados e amorosos para com os demais, para auxiliar outros de forma alegre e satisfeita em momentos de grandes desafios na vida? Sinto dizer que é urgente que as nossas escolas se abram para esses novos tempos que vivemos. Tempos em que se necessitam pessoas equilibradas, amorosas, capazes de aceitar e acolher os outros como são, assim como a si mesmo. Estarão completos potencialmente em alguma profissão quando todos esses aspectos estiverem sendo vivenciados na vida do aluno, sendo o racional apenas uma pequena parte do ser humano total.

Se nas escolas incentivamos a disputa pela nota, como despertará nos alunos o amor para com os seus colegas, e o auxílio para aqueles com mais dificuldades? Se ao invés de enaltecermos a capacidade de tirar as notas melhores, incentivássemos a capacidade de compartilhar com seus colegas o que sabem. Isso sim desperta em cada aluno os seus potenciais criativos e úteis por toda a sua vida. Sinceramente, o mundo precisa de pessoas assim, soberanas no seu jeito de ser e de se expressar criativamente. Mesmo se de início tudo pareça impossível, no final desse processo todos expressarão sua natureza amorosa e criativa de ser, para o seu bem e de todos.

Um dia desses, numa escola onde trabalhava, disseram-me que eu era pago apenas para dar aulas de Física. Assim estão as escolas em geral e tudo o mais, onde se colocam as disciplinas acima do ser humano. Cada aluno tem seus sentimentos, consciência e potenciais, e eles precisam ser respeitados integralmente, pois todos os temos. Um ser humano completo é sempre a fusão entre corpo, mente e alma, razão e sentimentos.

Sem considerarmos o ser humano total, teremos sérias dificuldades em sala de aula, como em todos os lugares onde as pessoas se relacionam. Cada um precisa ser amado e respeitado na sua forma de ser; só assim uma aula será da satisfação de todos.

Os novos potenciais

Como já visto, os novos potenciais aceitam cada aluno, ou qualquer pessoa, dotado de consciência, sentimentos, conhecimentos e experiências. Por isso é importante um espaço para cada um se encontrar consigo mesmo, fazendo a respiração profunda e consciente, para após isso compartilhar sobre o que for, onde cada um participa, contribuindo com o todo, a partir da sua maneira de ser e de sentir, e com suas experiências e conhecimentos. Aí está a riqueza de uma sala de aula: todos em harmonia, com cada um dando a sua participação de forma natural, equilibrada e autêntica, para o crescimento saudável de todos, e sendo respeitado e amado sempre.

Lembro-me, quando ainda estavam desabrochando os novos potenciais, como as provas inquietavam os alunos; tudo girava em torno delas, nada mais importava. Comecei a sentir que todos, por exigência de ser aprovado, e com medo de ser cobrado pelos pais, só estudavam para as mesmas, sem se importar mais; estavam hipnotizados pelo efeito prova, não importando se os assuntos lhes interessavam para a vida, ou até mesmo se ficou claro o estudado. Importava era passar na dita prova.

Assim que liberei as provas tradicionais, foi o grande salto para os novos potenciais, pois aí o que realmente interessava, em primeiríssimo lugar, era o bem-estar e o crescimento integral de cada um. Após isso se partia para compartilhar os conhecimentos e experiências, mas sempre que se sentia necessário, ou adequado, se compartilhava sobre a vida, como, por exemplo, como estar satisfeito consigo próprio, como se amar e respeitar em primeiro lugar. Afinal, somos seres com consciência, e seres com consciência é para estarem conscientes.

Após essa grande sacada, vocês podem imaginar como as aulas fluíam livremente e com facilidade, é claro; nada mais estressava ninguém. Era uma satisfação e alegria só, pois agora tudo começava em prestar atenção, primeiro em si próprio, para depois compartilhar os assuntos da disciplina. A facilidade no compartilhar brotava agora em todos, pois, afinal, se cada um se respeita e é respeitado na sua natureza de ser, certamente descobrirá a forma adequada de conscientizar os assuntos estudados.

No início, pode parecer tomar muito tempo essa nova experiência educacional, mas no final sobra tempo, pois as aulas fluem com tal naturalidade, que os assuntos são assimilados com uma rapidez que nos surpreende. Isso é claro, porque agora cada um participa de forma soberana, autêntica, nas aulas, segundo sua consciência e seus sentimentos.

Tomada de consciência

Realizávamos atividades que cutucavam a consciência de cada aluno, isto é, cada um percebia o quanto as suas atitudes o influenciavam e aos demais colegas e professores. Se o que ele fazia alegrava a si e a todos os seus colegas, ou então se conscientizava, por iniciativa própria, em proceder de tal forma a transformar aquela situação para o bem de todos.

Esse tipo de atividades fazia com que cada aluno se conscientizasse das pessoas e coisas à sua volta, além de se tornar responsável por seus atos, perante si e os outros.

Esclarecia-se, também, aos alunos que cada um é responsável por sua situação na escola, assim como na sua vida em geral, e mais especificamente nas aulas de Física. Nas atividades abertas trabalhava-se a essência dessa conscientização e responsabilidade, pois cada aluno, por sua livre escolha e iniciativa, esclarecia suas dúvidas, através de encontros fora das aulas normais, feitos num horário especial, estabelecido pela escola.

Com o passar do tempo, as aulas cada vez fluíam com mais facilidade. Cada um se expressava adequadamente à sua natureza de ser, para a satisfação sua e de todos, que no caso geralmente eram 30 alunos.

Atividades abertas

Quanto a saber se os assuntos da disciplina estavam conscientizados de forma adequada, a cada aluno, realizavam-se as atividades abertas, onde cada aluno individualmente respondia questões relativas aos assuntos compartilhados entre todos. As dúvidas que restavam, como esclarecido acima, cada aluno, por sua iniciativa, compartilhava com o professor, até ambos sentirem estar tudo adequadamente esclarecido.

A evolução, de cada aluno, era sentida de forma individual e coletiva, ou seja, percebendo a sua autêntica e soberana participação no compartilhar espontâneo com seus colegas, sobre os assuntos da disciplina e tudo mais que era experienciado, assim como pelas atividades abertas individuais.

Com o passar do tempo, as aulas iam tomando um sincronismo harmonioso e de bem-estar entre todos, uns respeitando os outros em todas as expressões, respeitando-se inclusive o silêncio, caso algum aluno sentisse necessário vivenciá-lo, como mostrado de forma clara nos relatos dos próprios alunos neste livro.

Diria que vivíamos numa espécie de paraíso naquela sala; é claro, sempre surgiam situações que exigiam mudanças, e isso é saudável, pois todos nos expandíamos em consciência com isso. As aulas cada vez fluíam com mais naturalidade, com todos satisfeitos consigo próprios e com os colegas.

Essa situação acima também passou a ser notada pelos colegas professores e demais alunos da escola. Mesmo não consciente, essa situação estava transformando a escola como um todo, pois os alunos compartilhavam essa nova experiência com seus colegas de outras turmas, e com seus outros professores. Sentia, e essa era a minha alegria, que era hora de compartilhar essa nova dinâmica de aula com os meus colegas professores, mas ao mesmo tempo percebia estarem pouco abertos. Mas, aos poucos, alguns professores que mais estavam abertos às novidades, à sua maneira, começaram a vivenciar essa nova dinâmica de aula, e foi maravilhoso, pelos resultados que pude compartilhar com esses colegas.

Sentia, por fim, que já era hora de expandir esses potenciais novos para outras escolas que estivessem abertas a novas experiências. E foi a escolha que fiz, e os resultados estão expressos de forma viva neste livro.

A seguir apresentamos relatos de alunos do CAp, do ensino médio, de 2008, sobre o que sentiram após liberarmos as provas tradicionais:

> ✓ "Em Física, eu me senti tranquila... porque não fui pressionada a fazer tudo certo, e a ir superbem em provas. No dia do conselho, eu estava nervosa para receber o conceito de algumas disciplinas, mas para Física não, e eu não

sei ao certo por que; eu só estava tranquila, e queria me sentir assim não só em Física."

- ✓ "Eu senti... uma coisa boa aprender de um jeito diferente, não dando valor a conceito e sim ao que você aprendeu, principalmente na aula de Física, que era uma aula agradável, em que você dava suas opiniões e falava o que sentia."

- ✓ "... eu me senti bem, pois as aulas de Física são uma das melhores. Nelas você pode ser você mesmo e não precisa se preocupar com as trivialidades de notas, provas, o que tira uma pressão de você e ajuda a entender a matéria. Nela também crescemos como ser humano, pois constantemente conversamos sobre a vida, e o que o futuro espera. Aprendemos a curtir cada dia."

Capítulo 8

Os novos potenciais em educação

O que são os novos potenciais?

Da mesma forma que a mudança do Sistema Geocêntrico (cujo centro fixo era a Terra) para o Sistema Heliocêntrico (com o centro fixo no Sol) possibilitou, por exemplo, a fácil explicação da formação do dia e da noite, que acontece devido ao movimento de rotação da Terra em torno do seu próprio eixo, também se resolvem com facilidade as situações difíceis vividas nas escolas de hoje, ao passar de considerar o aluno sem consciência e conhecimentos, para a situação onde são aceitos como seres sensíveis, conscientes, com conhecimentos e experiências a compartilhar.

Até hoje se considera o professor como o centro de toda sabedoria, experiência e conhecimento numa escola. Mas, para os novos potenciais isso muda, isto é, o aluno passa a ter a mesma importância do professor e de todos na escola.

Com essa mudança essencial na forma como se vivencia a escola, tudo muda. Por exemplo, o aluno deixa de ser apenas um ser passivo na sala de aula, e na escola como um todo, para ser aceito como alguém com importância, alguém com experiências, conhecimentos e sabedorias a serem compartilhados, e que precisam ser respeitados. Com isso todas as situações, antes insolúveis, passam a se esclarecer de forma mágica, pois agora estamos considerando adequadamente a situação como um todo, da mesma forma que ao passar do sistema geocêntrico para o sistema heliocêntrico se resolveram facilmente dificuldades antes insolúveis.

Os novos potenciais

Os potenciais não são uma fórmula mágica para resolver todos os problemas da escola, mas sim um compartilhar entre todos que naturalmente esclarece todas as situações. No momento em que se compartilha, as soluções brotam naturalmente; assim é a nova consciência.

Esses potenciais ainda respeitam e honram todas as experiências vividas e sendo vividas na escola. Através desses potenciais, todas as disciplinas passam a ser vivenciadas com satisfação e alegria e os participantes sentem, inclusive, a importância delas no seu dia a dia.

Essa forma nova e diferente de abordar a escola como um todo, ou a sala de aula em particular, leva à solução natural, de uma forma fácil e simples, de todos os problemas escolares.

Nesta nova escola, os alunos, funcionários, professores, pais dos alunos e a comunidade, onde a escola está inserida, compartilham e criam juntos um ambiente escolar agradável, para a satisfação de todos. E, por que não dizer, compartilham de forma amorosa e respeitosa com o meio ambiente da escola.

Nessa escola todos se amam e respeitam mútua e incondicionalmente, além de se amar e respeitar, antes de tudo, a si próprio.

Vamos ao exemplo de um relógio mecânico, onde, desde as engrenagens menores até as maiores, são igualmente importantes. Para verificar isso, basta retirar a menor de todas as peças, que o relógio para de funcionar. Da mesma forma, se não tiver um desses elementos: professor, aluno, funcionário, pais, comunidade ou meio ambiente, a escola para de funcionar.

Temos de sair da questão de que o dinheiro sempre é mais importante, para se tratar cada ser, inclusive o meio ambiente, com o mesmo respeito e amor.

Professor, funcionário, aluno, pais, comunidade e meio ambiente, embora de funções diferentes, são igualmente importantes. Faltando um deles, a escola deixa de existir.

Permitindo aos seus alunos se expressarem livremente, de forma adequada e criativa, não haverá necessidade de pichações em muros da escola nem fora dela. A satisfação de se expressar criativamente desfaz a expressão distorcida, originada pela não expressão adequada e criativa.

Assim, urge a criação dessa Escola Nova Padrão, para que se possa criar um mundo novo, onde respeitem e amem a si mesmos e aos semelhantes, compartilhando experiências, sabedorias e conhecimentos, livremente.

Essa mesma forma diferente de escola serve naturalmente como padrão para a formação de uma Família, Sociedade, Cidade, Estado, País, todo Globo Terrestre e, enfim, todo o Cosmos. Amando e respeitando a si próprio e aos demais, compartilhando experiências e conhecimentos, sem necessidade de disputas, pois todos estão satisfeitos consigo próprios e com os demais, são as bases para um mundo novo, para uma Nova Terra.

Como fazer essa experiência de criar a nossa nova realidade escolar?

Tudo, nessa forma diferente de trabalhar com alunos e a escola como um todo, é muito simples e fácil.

É essencial que os participantes se sintam livres ao participarem dessas aulas. Essa liberdade mostra o respeito que se tem ao que os participantes escolhem e sentem.

Antes de tudo se esclarecem, para os participantes, todos os aspectos que envolvem essas aulas e a escola como um todo.

O essencial é sempre respeitar e amar a todos, em todas as manifestações. Tudo, nas aulas, é compartilhado entre os participantes; assim todos se sentem livres, participando descontraidamente dessas atividades.

É importante permitir que cada aluno se expresse sobre o assunto, ou disciplina, estudado em aula, pois ele precisa senti-lo e conscientizá-lo à sua maneira, ou seja, adequá-lo às suas experiências, natureza de ser e sentir. Assim cada aluno se expande integralmente em consciência, e serão soberanos em tudo na sua vida, pois vivenciaram isso ao se expressarem autenticamente, com absoluta aceitação. Esses alunos convêm agora chamá-los de seres soberanos. Esses são os potenciais das novas escolas.

Os alunos, ao compartilharem o assunto da aula, adequado à sua experiência, sentir e consciência, simplifica a aula, além de torná-la satisfatória a todos.

É impressionante a naturalidade e a satisfação de todos nessas aulas.

Existe ainda, durante ou no início das aulas, um espaço para os alunos e o professor se interiorizarem e relaxarem, através da simples prática da respiração profunda e consciente, que faz com que cada participante se sinta liberado de inquietações, estresse ou outros incômodos que os possam estar afetando. Além disso, essa respiração profunda faz a energia dos participantes fluir livremente, assim permitindo um compartilhar fácil, simples e natural.

Essa forma de se trabalhar permite, a todos os participantes, se sentirem livres e soberanos para expressarem seus potenciais criativamente, para o bem de todos.

Em se tratando da escola como um todo, existe sim a mesma convivência com os funcionários e demais professores da escola. Vocês sentem certamente que essa convivência passa a ser levada naturalmente pelos alunos até seus lares e comunidade onde a sua escola está inserida. Assim os alunos e a escola como um todo também passarão a ter uma convivência respeitosa e amorosa com o meio ambiente, onde a escola está sediada.

Essa situação, acima, pode ainda ser vista de uma forma mais expandida. Podemos imaginar que essa situação harmoniosa da escola, comunidade e meio ambiente passam a influenciar de forma equilibrada e satisfatória todo o globo terrestre, e, enfim, todo cosmos, pois tudo está interligado e se expande indefinidamente, criando assim um mundo novo, onde todos vivem com satisfação e alegria. Isso realmente é possível, se for essa a nossa escolha.

Vamos aos relatos de alunos da Escola Estadual Prof. Oscar Pereira, que vivenciaram na prática, através das oficinas "Espaço Aberto", essa nova experiência educacional:

> ✓ "Eu sinto que estou em um lugar muito agradável e confiante, que é o Espaço Aberto.
> Aqui me sinto bem comigo mesma, porque sei que tenho vários amigos ao meu redor.
> Aqui é um lugar maravilhoso!"

✓ "... a minha vontade é pegar cada coisa que eu aprendi e que vou aprender no Espaço Aberto e voar para colocar no céu, para que quando as pessoas olharem para o céu vão ver que as coisas pequenas ou grandes são muito importantes, porque sempre que eu vier para ver vídeo *(sala da nossa oficina)* vou lembrar de todos que vêm para o Espaço Aberto, porque o Espaço Aberto é para sentir amado e retribuir o que foi aprendido.
Meu coração é só feliz quando estou no Espaço Aberto.
O código do meu coração é Espaço Aberto."

✓ "Eu me sinto ótima porque aqui as pessoas se abrem uma com as outras. E assim todos ficam bem inspirados para se abrir.
Se abrir é a melhor coisa que tem."

✓ "Feliz demais, me sinto feliz demais.
Em casa não posso conversar muito, não gostam.
Estou com um pouco de vergonha, mas logo vou me soltar e conversar bastante, pelo menos é o que eu espero."

✓ "... a minha primeira visão do Espaço Aberto foi ótima; quando cheguei eu me senti superótima, pois estava superestressada. Agora me sinto outra pessoa; estou bem mais calma, e os meus cinco sentidos estão no mesmo nível...
É muito bom estar num lugar onde nossa alma respira suavemente...
Adorei o Espaço Aberto!
Espaço Aberto, um lugar para todos se sentirem bem..."

Os alunos desses relatos são basicamente das séries iniciais do ensino fundamental.

Capítulo 9

Experiências com os novos potenciais

Introdução

Depois de sedimentados os novos potenciais, senti que era hora de expandi-los para outras escolas e locais que estivessem abertos a uma nova forma de educação. Também senti, é claro, que seria desafiador, pois o sistema educacional antigo já existe há milhares de anos. Por outro lado, também percebi uma abertura cada vez maior para novos potenciais, uma vez que existem muitas situações educacionais insolúveis até hoje. Além disso, vivemos tempos de mudanças no mundo todo, que exigem uma educação mais livre e aberta a todos.

Pela minha própria experiência, sinto absoluta confiança que esses novos potenciais são a forma adequada de se vivenciar a sala de aula e a escola como um todo. Entretanto, sempre, novas ideias são muito desafiadas; isso também aconteceu comigo.

Experiência na Escola Estadual Prof. Oscar Pereira

Para levar os novos potenciais ao conhecimento de outros, começamos, através de oficinas denominadas *Espaço Aberto*, experienciando-os na Escola Estadual Prof. Oscar Pereira, de Porto Alegre, RS, no segundo semestre de 2008. Nessas oficinas, realizadas nos sábados pela manhã, foi possível experienciá-los magistralmente, embora não se trabalhasse com nenhuma disciplina específica, pois a essência desses potenciais se vivencia em qualquer situação, onde existam pessoas compartilhando.

As atividades que compartilhávamos eram criadas juntamente com os alunos, que eram basicamente das séries iniciais do ensino fundamental, e algumas eram trazidas por nós, mas sempre abertas à participação de todos.

As oficinas eram frequentadas por mais de 10 alunos, e às vezes acontecia de ter 20 ou mais alunos, com a participação eventual de professores e da direção da escola.

Essas oficinas, dada a sua natureza extrovertida e aberta a todos, criava uma energia no ambiente muito agradável e salutar, o que despertava a criatividade de todos, inclusive dos mais tímidos, como vocês podem ver nos seus próprios relatos, neste livro (veja também o Apêndice A).

Foi uma experiência muito inspiradora, pois os alunos, mesmo sendo Escola Aberta, onde não existe um compromisso de estar presente, em boa parte estavam sempre presentes.

Nas oficinas, costumávamos nos sentar em círculo, pois assim as crianças ficavam mais à vontade, ou seja, as fazia se sentirem melhor. Esses encontros sempre eram acompanhados por um fundo musical ambiental.

No início dos encontros, todos fechavam os olhos, e praticávamos a respiração profunda e consciente, para nos equilibrarmos interiormente e aliviar de qualquer estresse ou preocupação. Após esse relaxamento inicial, iniciavam-se as atividades, livremente escolhidas entre todos, ou as crianças sugeriam ou então os professores; isso acontecia naturalmente, conforme o momento.

Quando você começa a tratar as pessoas como alguém com valor, elas no mínimo começam a se sentir melhor, e, por fim, a participar ativamente nas atividades.

Nas oficinas, os alunos têm o mesmo peso dos professores. Costumo dizer que não existem professores e alunos, e sim participantes, onde cada um tem a sua consciência, sentimentos, conhecimentos e experiências diferentes, que ao serem compartilhados, se esclarecem, expandem e multiplicam de forma maravilhosa para o crescimento de todos.

Relatos dos alunos

- "O Espaço Aberto é o começo da minha vida, é o amor que viverei, é o meu sonho que sonharei. Porque o Espaço Aberto está no meu coração, que bate sem parar."
- "Eu me senti muito bem, em casa.
  A energia fluiu bem, foi muito bom."
- "Eu me sinto muito à vontade; eu posso falar quando eu quero falar.
  É muito legal aqui, eu me sinto tão bem!
  Aqui é um espaço onde a gente pode relaxar.
  ... Eu gostei muito dos seus trabalhos; eu sei que vocês ajudam as pessoas."
- "Na oficina eu me senti muito bem.
  O nome da oficina realmente faz jus.
  Realmente é um espaço aberto; nos sentimos livres e à vontade para expressar tudo que nos cerca; é realmente maravilhoso."

✓ "Eu achei muito legal essa oficina, pra gente falar tudo que está sentindo, pra não ficar tudo pra dentro. Eu achei muito legal. Eu achei muito legal o trabalho de você. Muito legal!"

Experiência na Escola Estadual Rafael Pinto Bandeira

Também apresentamos esses novos potenciais, em forma de experiência, aos alunos das 5ª, 6ª, 7ª e 8ª séries, em novembro e dezembro de 2009, na Escola Estadual Rafael Pinto Bandeira, Porto Alegre, RS, onde cada turma tinha entre 14 e 30 participantes.

Nessa experiência, também nos sentávamos em forma de círculo, e com música ambiental de fundo, de maneira que todo ambiente apresentasse uma sensação agradável e harmoniosa. Assim iniciávamos, todos de olhos fechados, a respiração profunda e consciente, por uns 2 a 5 minutos, para que se sentissem mais relaxados e centrados. Após isso, esclarecíamos aos alunos o nosso propósito de experienciar novos potenciais em educação, que fazíamos compartilhando sobre qual o sentimento e percepção que eles tinham sobre a sua escola, e como escolheriam que ela fosse, além de outras atividades, livremente escolhidas entre os participantes.

Relatos dos alunos

Como é a essência desses novos potenciais, os alunos livremente compartilhavam as suas experiências, seus sentimentos e percepções. Experiência muito gratificante, como vocês podem perceber nos relatos dos próprios alunos (veja também no Apêndice B):

- ✓ "Foi muito legal vir pra cá, porque aqui não há brigas, desrespeito, apelidos.
  Na educação, como ia ser muito bom se fossem todos os dias assim, todos os professores pudessem ensinar todos nós.
  Eu gostaria que eles fossem assim, como os professores também."
- ✓ "Eu estou muito feliz com esses professores novos. Eles explicam um monte de coisas pra nós."
- ✓ "Eu gostei da aula nova, com os novos professores, principalmente com as atividades.
  ... moro bem perto, gosto de cozinhar e procuro ajudar a aula."
- ✓ "Me sinto bem.
  ..."
- ✓ "Eu estou me sentindo bem nesta sala com todos."
- ✓ "Eu estou me sentindo muito bem com esta aula.
  Eu gostei dos professores.
  Eu gostei desta aula, porque ela foi muito diferente."
- ✓ "A pessoa que fica com os olhos fechados sente-se mais aliviada.
  Estou feliz por essa primeira aula com esses professores maravilhas..."
- ✓ "Eu estou muito feliz de estar aqui, porque é uma coisa calma, para a gente falar o que a gente pensa e o que a

gente sente. Achei muito legal e muito interessante e para a gente relaxar e entrar na sala de aula bem relaxado e bem tranquilo."

✓ "Gostei muito dos professores, as palavras que eles disseram. Amor, Carinho e Paz."

✓ "Eu sinto muita alegria em estar aqui, porque eu vou sair daqui muito feliz."

✓ "Estou me sentindo muito bem e normal."

Considerações finais

Todos os alunos expressaram a mesma satisfação ao vivenciar os novos potenciais em educação. Isso quer dizer que, se a escola escolher vivenciá-los, todos os alunos estarão a favor dessa nova experiência, pois estão abertos a ela.

Os professores vão sentir de imediato essa facilidade, pois terão o auxílio dos alunos em tudo o que acontece na escola, e especialmente na sala de aula. Ao invés de os alunos tomarem conta da escola, ou seja, bagunçarem-na, todos sentirão uma satisfação e alegria geral neles, pois agora se sentem participantes ativos na escola. Além disso, sentem prazer em retribuir essa confiança de todos neles, através de tornarem as aulas espontâneas e criativas, pois agora têm liberdade de participar em tudo o que acontece em sala de aula, e ainda assim serem respeitados e amados por todos, pois todos estão crescendo juntos e individualmente.

Os alunos ainda sentirão vontade de ajudar a direção em manter a escola limpa e harmoniosa, pois afinal essa escola agora realmente é de todos.

Como a própria experiência me mostrou, é assim como se sentem os alunos quando acolhemos com amor a sua participação em tudo o que acontece na escola.

Inicialmente precisamos sentir confiança em nós mesmos, e estarmos abertos para vivenciarmos a escola nesta nova forma, que, com certeza, simplifica a vida de todos, além de todos se sentirem alegres e satisfeitos nela.

No início, sem dúvida, será uma transformação gigantesca, aparentando ser um caos, mas o que isso na verdade está mostrando é que os alicerces estão sendo transformados, e logo se verão os frutos maravilhosos dessa escolha.

Capítulo 10

Conclusões

No fundo todos de alguma forma já sentiram, ou até mesmo experienciaram estes novos potenciais, pois eles são simplesmente naturais no ser humano e divino. Talvez só faltasse confiança em si mesmo, apenas isso. Isso é devido, muitas vezes, à crença em teorias e formas pedagógicas antigas e complexas, o que faz parecer que não pode ser tão simples assim, mas é, isso posso garantir, a partir da minha própria experiência como professor, como mostrei neste livro. Confiar na sua própria inspiração, no seu sentir, é o que certamente nos conduz ao rumo seguro e certo.

O que nos faz confiar mais em alguém estranho do que em nós mesmos?

O mundo novo, a nova escola, não é algo para poucos, mas sim para todos. Por isso todos o sentem como natural e simples. Como já diziam antigos sábios, a verdade está onde está a simplicidade.

Eu tenho a absoluta certeza de que o mundo novo e, mais especificamente, a nova escola são como um paraíso, onde todos compartilham o que sabem e sentem, com satisfação e alegria.

Esses são os potenciais de uma nova escola para os novos tempos que vivemos.

Referências

1. Tolle, E. **Um Novo Mundo:** *O despertar de uma nova consciência*, Rio de Janeiro: Editora Sextante, 2007, 267 p.
2. Paymal, N. **Pedagogia 3000: Guia práctica para docentes, padres y uno mismo**, La Paz: Edición Ox La-Hun, 2007, 404 p.
3. Guerra, T. **Crianças Índigo:** *uma geração de ponte com outras dimensões... No Planeta Índigo da nova era*, São Paulo: Madras Editora Ltda., 2006, 150 p.
4. Carroll, L.; Tober, J. **Índigos:** *histórias e revelações de uma nova geração*, São Paulo: Butterfly Editora Ltda., 2008, 245 p.
5. Goswami, A. **O universo autoconsciente:** *como a consciência cria o mundo material*, São Paulo: Editora Aleph, 2007, 368 p.
6. Ruppenthal, A. R.; Steffens, C. A., Rosa, M. B. **Vivenciando, no cotidiano, a Física estudada em sala de aula,** Cadernos do Aplicação, Colégio de Aplicação da UFRGS, V. 19, n. 1/2, p. 27-35, 2005.

Sites

7. Materiais de Tobias:
   www.novasenergias.net/circulocarmesim
   www.crimsoncircle.com/br
8. www.kryon.com

Compartilhando com o autor

Se alguém desejar entrar em contato para esclarecimentos, ou compartilhar suas experiências, o endereço eletrônico é o seguinte:

alaorr@brturbo.com.br.

Apêndice A

Experiência na Escola Estadual Prof. Oscar Pereira

    Expressões artísticas que os alunos criaram para expressar o que sentiram, nas oficinas Espaço Aberto, sobre a experiência dos novos potenciais em educação.

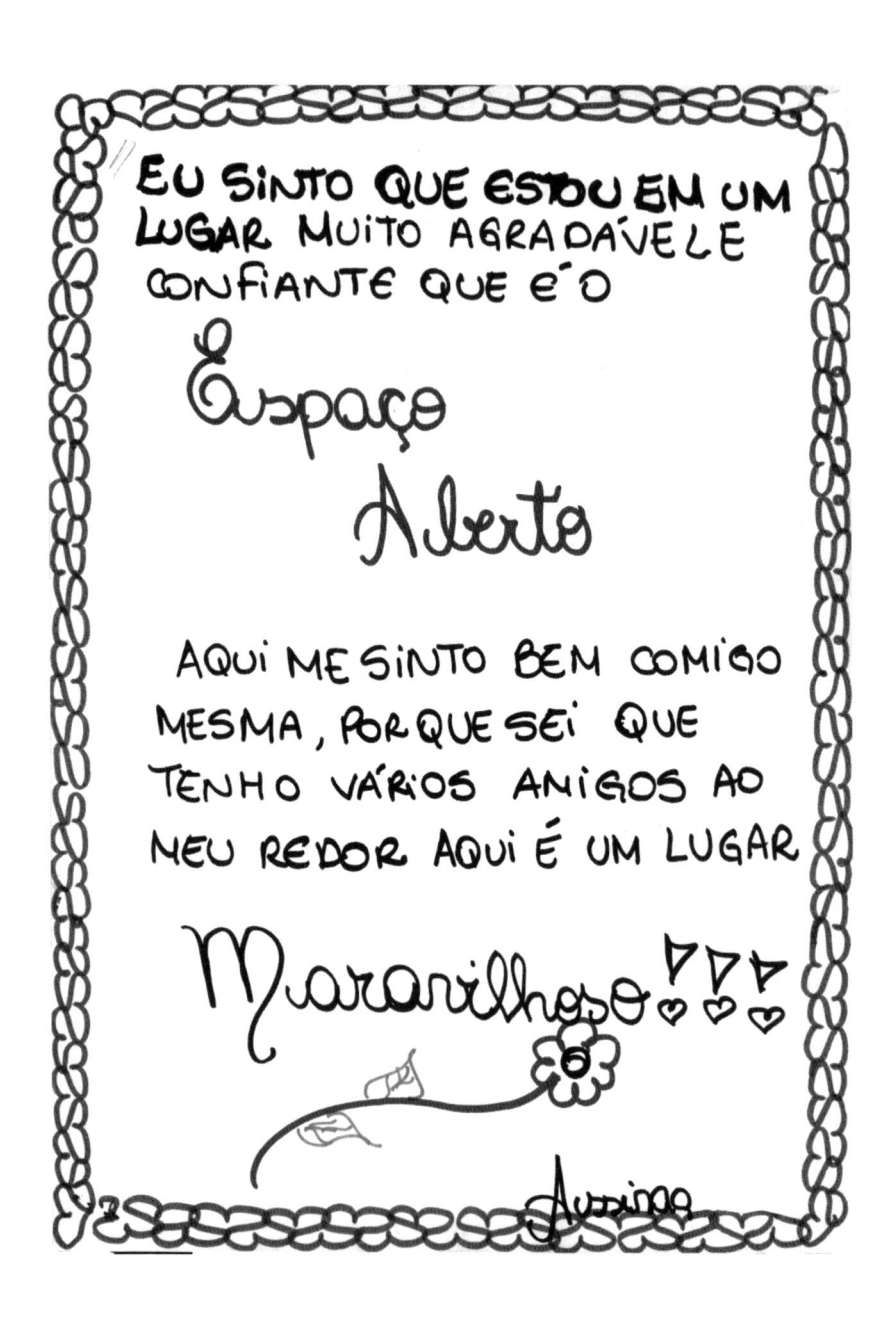

EU SINTO QUE ESTOU EM UM LUGAR MUITO AGRADÁVEL E CONFIANTE QUE É O

Espaço Aberto

AQUI ME SINTO BEM COMIGO MESMA, PORQUE SEI QUE TENHO VÁRIOS AMIGOS AO MEU REDOR. AQUI É UM LUGAR

Maravilhoso ♡♡♡

Assinaa

Aprendi a viver bem melhor esta vida!

PARA TODOS

ALAOR, MARISTELA   E ANTONIETA.

VOCÊS SÃO 10, 100, 1.000

VOCÊS ME ENSINARAM A: ENSENDER OS OUTROS.
ATÉ PARAR DE BRIGAR COM MEU IRMÃO RABUSENTO SÁ PAREI, E FORAM VOCÊS QUE ME AJUDARAM A FAZER ISSO.

ADORO TODOS VOCÊS.

COMO ESTOU ME SENTINDO AGORA...

CHEGUEI NA ESCOLA E A PRIMEIRA COISA QUE PENSEI HOJE EU VOU PARTICIPAR DO **ESPAÇO ABERTO**, JOGUEI UM POUCO DE VÔLEI E QUANDO CHEGOU O SUBI JUNTO COM ELE A MINHA PRIMEIRA VISÃO DO ESPAÇO ABERTO FOI ÓTIMA QUANDO CHEGUEI EU ME SENTI SUPER ÓTIMA POIS ESTAVA SUPER ESTRESSADA AGORA ME SINTO OUTRA PESSOA ESTOU BEM MAIS CALMA, E OS MEUS CINCO SENTIDOS ESTÃO AO MESMO NÍVEL...

É MUITO BOM ESTAR NUM LUGAR ONDE NOSSA ALMA RESPIRA SUAVEMENTE...
ADOREI O ESPAÇO ABERTO!!!!

15/11/08

* Eu sinto agora que o Amor não é desenho a ilusão a
* Amor é um sentimento real Que procura a procurar alguem que goste de amar e amar o proscimo que venha porque somos todos iguais

Ninguem é maior que ninguem E ninguem é menor que ninguem todos somos 1 e nada mais todos somos um quebra-cabeça que juntamos e que torma

Paz e Amor
No Mundo Melhor

"O Espaço Aberto é o começo da minha vida é o Amor que viverei é o meu sonho que sonharei. Lá o espaço aberto está no meu coração quebate sempre

✱ Eu percebo na minha volta a vontade de ser feliz a vontade de imaginar a vida como que vai ser. Eu percebo que o cheiro o lugar as coisas n são as coisas que vou me lembrar para sempre pq a minha vontade é pegar cada coisa que eu aprendi e que vou aprender no espaço aberto e voar para colocar no céu para que quando as pessoas olharem para o céu vão ver que as coisas pequenas ou grande são muito importante pq sempre que eu vir para ver vedio vou lembrar de todos que vem para o espaço aberto pq o espaço Aberto é para sentir amado e retreboir o que foi aprendido.

Meu coração é só feliz quando estou no Espaço Aberto

O codigo do meu coração é Espaço Aberto

Eu me sinto mais tranqüila, confiante, alegre, segura, feliz. Estou contente c/ os amigos que tenho.

Apêndice **B**

Experiência na Escola Estadual Rafael Pinto Bandeira

Nessa escola os alunos também usaram seus dotes artísticos para expressar o que sentiram ao vivenciar os novos potenciais em educação.

Muito alegre...

Turmas 62

Eu estou me sentindo muito bem estou calma, tranquila e gostei da aula que vocês e professores nos ensinaram foi bem interessante pAra mim pelo menos me fez refletir bem.

Foi bom quando falamos de nós jovens nós também existimos, dentro de uma escola, e também nos temos que atenção dos familiares e prof, etc.
Adorei a aula.

13 anos Turma: 71 7ª

Os Novos Potenciais em Educação

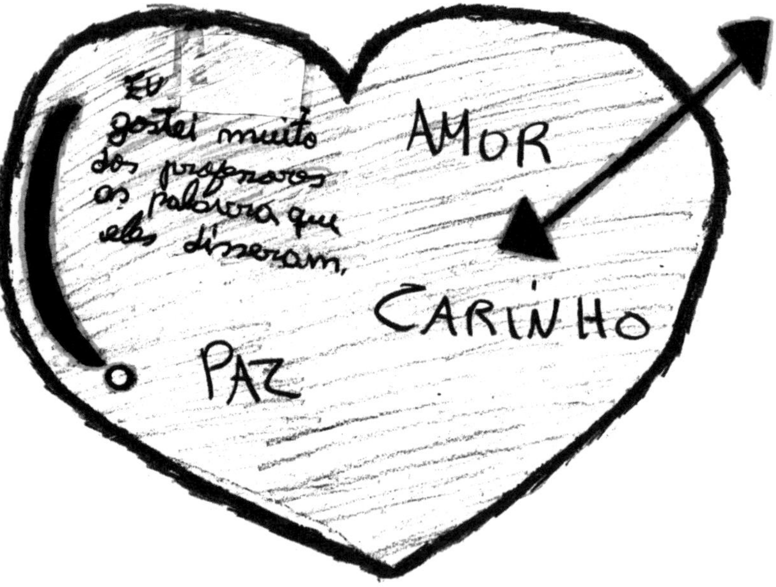
Eu
gostei muito
dos professores
as palavra que
eles disseram,
AMOR
CARINHO
PAZ

Eu adorei está aula
Achei muito bom.
Por que às vezes é muito bom
conversa fala o que Agente está
Sentindo Amei todos vocês
muito obrigado
pela Aula hoje?

Parabéns

um grande
Abraço

Tahá.

MUITO FELIZ...

1.62